C. DUVAL

DÉPUTÉ DE LA HAUTE-SAVOIE

MAIRE DE SAINT-JULIEN

L'ADMINISTRATION

DE LA

COMMUNE DE SAINT-JULIEN

PENDANT

LA RÉVOLUTION

SAINT-JULIEN

IMPRIMERIE S. MARIAT

—

1886

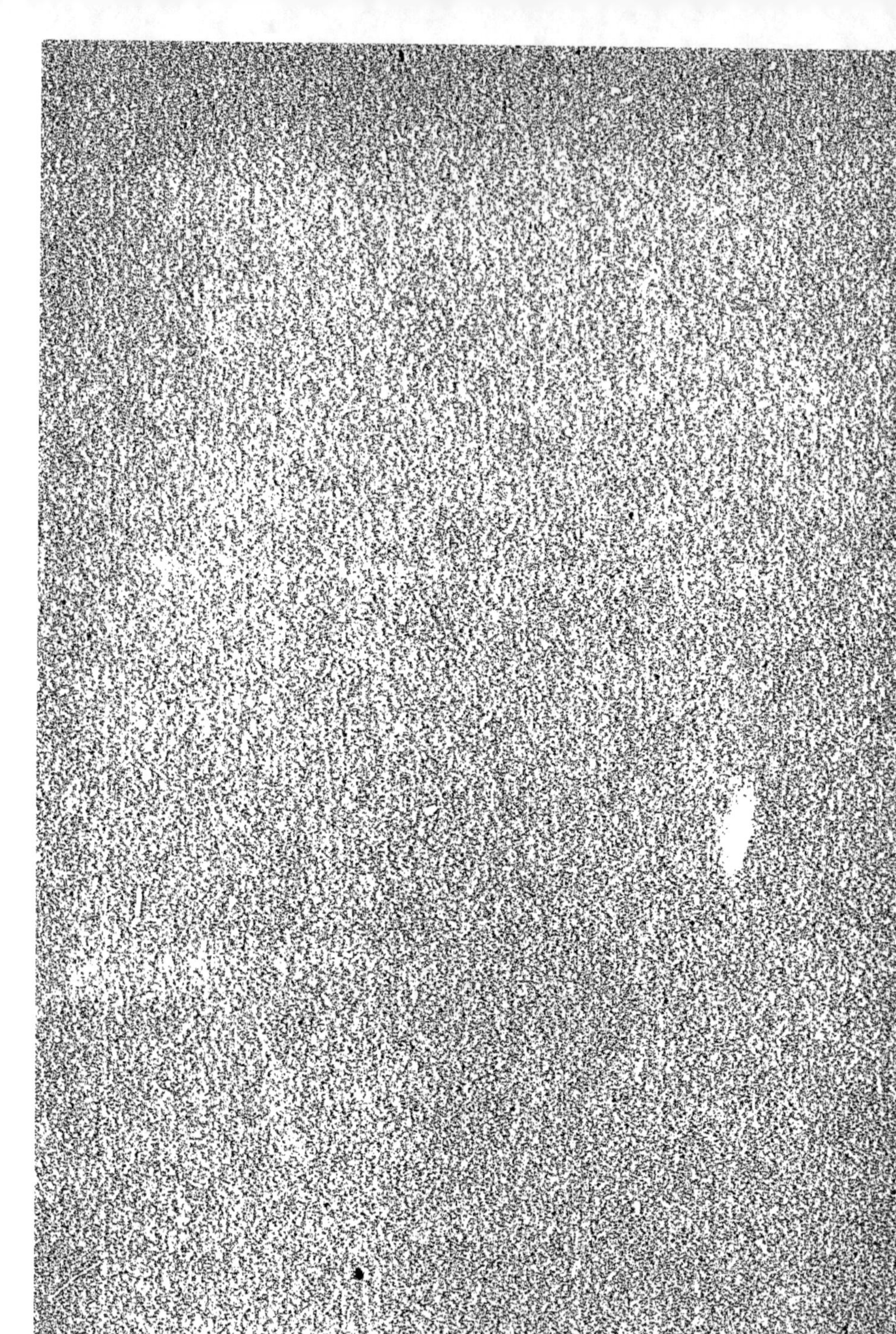

L'ADMINISTRATION

DE LA

COMMUNE DE SAINT-JULIEN

PENDANT LA RÉVOLUTION

C. DUVAL

DÉPUTÉ DE LA HAUTE-SAVOIE

MAIRE DE SAINT-JULIEN

L'ADMINISTRATION

DE LA

COMMUNE DE SAINT-JULIEN

PENDANT

LA RÉVOLUTION

SAINT-JULIEN

IMPRIMERIE S. MARIAT

—

1886

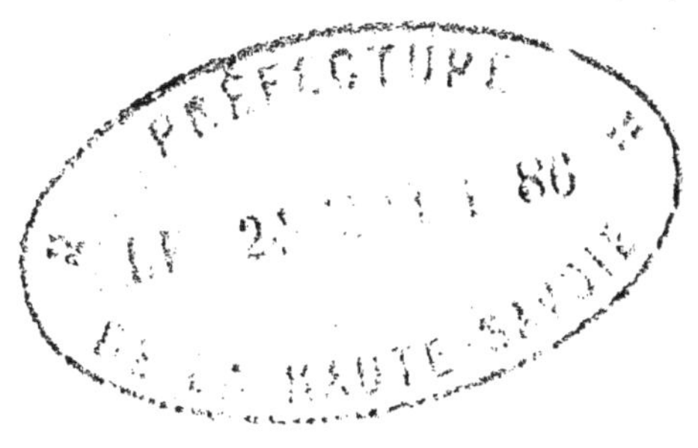

AVANT-PROPOS

Après l'entrée des Français en Savoie, en 1792, il fut procédé partout à l'élection de municipalités provisoires, qui cédèrent la place aux municipalités définitives élues régulièrement, ensuite de l'arrêté des représentants du peuple, délégués par la Convention pour l'organisation du nouveau département du Mont-Blanc.

Les élections eurent lieu à Saint-Julien le 22 janvier 1793, dans l'église paroissiale. Après que tous les citoyens présents eurent prêté le serment d'être fidèles à *la nation, à la liberté, à l'égalité et de mourir en les défendant,* le conseil général de la commune fut composé des citoyens Milliet Louis-Antoine, maire; Thomé Pierre, président des assemblées primaires; Cudet Pierre, Recoux Joseph, Burnet Pierre, Vuagnat Laurent, Mége-vand Claude, Boimond Jean-Louis, Chau-

montet Alexandre, officiers municipaux
et notables; Dunand Jacques, procureur-
syndic; Bouvier Joseph, secrétaire-gref-
fier, et Boimond Jean-Claude, secrétaire-
adjoint.

Quelque temps après, Milliet, ayant été
élu capitaine au 2ᵉ bataillon des volontaires du Mont-Blanc, fut remplacé comme maire par Burnet Pierre.

Le citoyen Claude Mégevand, officier
municipal, fut chargé des fonctions d'officier d'état civil. Le secrétaire Bouvier,
nommé instituteur primaire et greffier de
la justice de paix de Viry, fut remplacé
par Milliet Jérôme; et le secrétaire-
adjoint Boimond fut employé à l'armée
des Alpes en qualité d'officier du génie.

Le registre des délibérations du Conseil général de la commune de Saint-
Julien, pendant la période de la Terreur,
a disparu des archives communales. Mais
celui qui vient après a été retrouvé et la
présente publication en est le résumé.

Parmi les choses intéressantes que ce
registre contient, nous signalons la liste
complète des volontaires fournis par la
commune de Saint-Julien en 1792 et
1793. Le nombre de ces volontaires est
de 30, auxquels il faut ajouter Michel
Pacthod, élu lieutenant-colonel, chef du
2ᵉ bataillon du Mont-Blanc, et qui parvint

rapidement au grade de général ; Milliet, élu capitaine ; Pissard Louis (1), sous-

-----

(1) Voici un certificat concernant l'état de santé du sous-lieutenant Pissard :

ÉGALITÉ — LIBERTÉ

Nous, Marc-Antoine Albert, natif et habitant de Viry, et Joseph Albert, natif de Viry, habitant à Saint-Julien, officiers de santé munis du certificat de civisme aux termes de la loi, certifions à qui il appartiendra avoir soigné et médicamenté le citoyen Louis Pissard, sous-lieutenant dans la 19e demi-brigade de l'armée d'Italie, natif de Saint-Julien, habitant de la commune de Neydens, depuis le 18 nivôse, d'une hémoptysie, occasionnée par les fatigues de la guerre, et lequel nous soignons toujours. Nous espérons pourtant que, dans le courant de l'été, son indisposition prendra une tournure favorable. En foy de quoy nous lui avons octroyé le présent, à Saint-Julien, le 16 germinal an IIIe de l'ère républicaine.

Signé : ALBERT M.-A. et J. ALBERT, officiers de santé.

Vu par la municipalité de Neydens, le 17 germinal :

Signé : PAPET, ffons de maire ;
CHRISTIN, agent national ;
GALLAY, BRAND et TAGAND.

Renvoyé dans ses foyers le 17 frimaire an III, Louis Pissard fut élu à plusieurs reprises adjudant du bataillon de la garde nationale du canton de Viry.

En 1796, il épousa Dominique, fille de Pierre Burnet, maire de Saint-Julien.

Mme Pissard est décédée en 1869 à Saint-Julien, jouissant de toutes ses facultés intellectuelles, bien qu'elle fut presque centenaire.

lieutenant, blessé au siège de Toulon et renvoyé dans ses foyers; Boimond Jean-Claude, officier du génie, qui fut maire de Saint-Julien après la chute de l'Empire en 1814, sous Louis XVIII, et en 1815 pendant la réunion de Saint-Julien à la République de Genève.

Ce chiffre considérable de 34 volontaires pour une population d'environ 600 habitants prouve l'élan qui poussait nos populations vers la France révolutionnaire. Il prouve aussi que cet élan n'avait pas attendu pour se produire l'occupation de la Savoie par l'armée française, puisque un certain nombre de volontaires rejoignirent cette armée avant son entrée en Savoie.

Enfin, les procès-verbaux des séances du 1er nivôse et du 23 germinal an III démontrent que la Convention nationale se préoccupait de venir en aide aux familles des volontaires en leur faisant distribuer une indemnité trimestrielle, proportionnée au nombre des parents et à leur situation.

C. D.

L'ADMINISTRATION

DE LA

COMMUNE DE SAINT-JULIEN

PENDANT

LA RÉVOLUTION

———•ᴑᴑᵼᴑᵼᴑᴑ•———

Du 25 frimaire an III.

Séances. — Le Conseil général de Crez (ci-devant Saint-Julien) décide que les membres du Conseil tiendront séance à la mairie, alternativement et dans l'ordre suivant, les jours indiqués :

Boimond Jean-Louis, officier municipal, et Burnet François, notable le décadi.
Dénériaz François, officier municipal, et Albert Nicolas, notable... le primidi.
Chaulmontet Alexandre, officier municipal...................... le duodi.
Tagand Jacques, officier municipal. le tridi.
Savigny François, officier municipal. le quartidi.
Dunand François et Picollet Etienne, notables...................... le quintidi.
Guilland et Jean Bernard, notables. le sextidi.
Veyrat et Magnin, notables .... le septidi.
Bernard Jacques et Livron, notables...................... le octodi.
Cudet et Pierre Recoux, notables.. le nonodi.

Les membres qui n'assisteront pas aux séances, comme il est indiqué ci-dessus, paieront pour chaque absence une amende de 30 sols entre les mains du citoyen Guilland, nommé à cet effet.

L'assemblée du Conseil général se tiendra régulièrement chaque huitaine, à 9 heures du matin, à commencer le primidi de nivôse prochain, sous la présidence du citoyen Pierre Burnet, maire, assisté des citoyens Jacques Dunand, agent national, et Joseph Bouvier, secrétaire.

Dénomination de la commune. — Le même jour, le Conseil arrête que la commune de Crez reprendra son ancien nom de Saint-Julien, à cause des abus qui résultent de la nouvelle dénomination de *Crez.*

Du 1ᵉʳ nivôse an III.

Indemnité aux défenseurs de la Patrie. — Le citoyen Etienne-François Pissard, membre de l'administration révolutionnaire du district de Carouge, procède, en présence du Conseil général, à la distribution du traitement que la loi accorde aux défenseurs de la Patrie. Les sommes suivantes sont distribuées aux parents des susdits défenseurs, savoir :

	liv.	sols
1° Pour Claude-Louis Compagnon, volontaire au **21**° bataillon de la Lozère, enrôlé le **24** août 1792, payé à sa mère Madeleine Grillet, veuve Compagnon............	50	»
2° Pour Louis Compagnon, volontaire au **2**° bataillon du Mont-Blanc, enrôlé le **24** mars 1793, payé à sa mère Françoise Maréchallat, veuve Compagnon..................	50	»
3° Pour Mathieu Vuagnat, volontaire au **21**° bataillon de la Lozère, enrôlé le **24** août 1792, payé à son père Jacques Vuagnat et à sa mère Etiennette Pernel.................	80	»
4° Pour Louis Laventure, volontaire au **8**° régiment de hussards, enrôlé le **22** juillet 1792, payé à son père Noël Laventure et à sa mère Claudine Besson.................	60	»
5° Pour André Bocquet, volontaire au **2**° bataillon du Mont-Blanc, enrôlé le **4** mars 1793, payé à son père Joseph Bocquet...........	50	»
6° Pour François-Gaspard Duval, volontaire au **2**° bataillon du Mont-Blanc, enrôlé le **4** mars 1793, payé à son père Jean-François Duval et à sa mère Marie Bornand........	80	»
7° Pour Joseph Vuagnat, volontaire au **17**° bataillon de la Côte-d'Or, enrôlé le **22** août 1792, payé à son père François-Dominique Vuagnat et à sa mère Brigitte Forneret...	80	»
A reporter....	450	»

	liv.	sols
Report....	450	»

8° Pour Charles Duval, volontaire au bataillon de Rhône-et-Loire, enrôlé le 22 novembre 1702, payé à sa mère Claudine Pissard, veuve Duval................................... **50** »

9° Pour Henry Louis, volontaire au 3e bataillon du Mont-Blanc, enrôlé le 4 mars 1793, payé à son père Marin Henry et à sa mère Anne Vuarrier........................... **80** »

10° Pour Henri Ganloy, chasseur-Bon-Tireur de la Somme, enrôlé le 5 août 1792, payé à son père Sébastien Ganloy et à sa mère Claudine Christine...................... **60** »

11° Pour Joseph Magnin, volontaire au 2e bataillon de la Drôme, enrôlé le 22 octobre 1792, payé à sa mère Gasparde Mivellaz, veuve Magnin............................ **50** »

12° Pour Etienne Rambosson, volontaire au 6e bataillon du Bas-Rhin, enrôlé le 5 août 1792, payé à sa mère Françoise Badel, veuve Rambosson......................... **30** »

13° Pour Louis Laval, volontaire au 2e bataillon du Mont-Blanc, enrôlé le 18 mars 1703;

14° Pour Georges Laval, volontaire au 2e bataillon du Mont-Blanc, enrôlé le 18 mars 1703; **200** »

15° Pour Marc Laval, gendarme, enrôlé le 1er frimaire an II, payé à leur mère Suzanne, veuve Laval..

	liv.	sols
A reporter....	920	»

	liv.	sols
Report....	920	»

16° Pour Antoine Levrat, volontaire au 2° bataillon du Mont-Blanc, enrôlé le 4 mars 1703, payé à sa mère Marguerite Lacombe, veuve Levrat.............................. **50** »

17° Pour Jacques Fontaine, volontaire au bataillon du district de Gex, enrôlé le 5 frimaire an II ;

18° Pour Laurent Fontaine, volontaire au bataillon du district de Gex, enrôlé le 25 nivôse an II, payé à leur père Claude Fontaine et à leur mère Isabelle Tagand... **200** »

19° Pour François Dubouchet, volontaire, légion allobroge, enrôlé le 4 mars 1793, payé à sa mère Antoinette Quillet, veuve Dubouchet. **30** »

20° Pour Jacques Mérard, de la 1re réquisition, enrôlé le 11 germinal an II, payé à sa mère Antoinette Dunand, veuve Mérard **43** 7

21° Pour Claude Badel, de la 1re réquisition, enrôlé le 11 germinal an II, payé à son père Christophe Badel et à sa mère Gasparde Magnin. **86** 14

22° Pour Charles Marthod, volontaire au 2° bataillon du Mont-Blanc, enrôlé le 3 mars 1793, payé à sa mère Jacqueline Bachex, femme Marthod. .... **50** »

23° Pour Barthélemy Maréchallat, de la 1re réquisition, enrôlé le 1er floréal an II, payé à son père Pierre Maréchallat et à sa mère Marie Dunand................... **119** »

A reporter.... **1,499 01**

liv. sols

Report....   1,409 01

24° Pour Jacques Lachenal, 1re réquisition, enrôlé le 11 germinal an II, payé à sa mère Louise Thomas, veuve Lachenal...............   43 7

25° Pour Jacques Besson, 1re réquisition, enrôlé le 11 germinal an II, payé à son père Gabriel Besson et à sa mère Françoise Maréchallat.   115 12

26° Pour Jean Girard, volontaire, enrôlé en septembre 1793, payé à sa sœur Marie.................   70 »

27° Pour Pierre Tagand, volontaire, légion allobroge, enrôlé le 24 décembre 1792;

28° Pour Louis Tagand, volontaire au 2° bataillon du Mont-Blanc, enrôlé le 4 mars 1793, payé à leur sœur Françoise Tagand.........   325 »

29° Pour François Bocquet, volontaire de 1er réquisition, enrôlé le 11 germinal an II, payé à son frère Pierre Bocquet.................   43 7

30° Pour François Pillet, volontaire, enrôlé le 4 août 1792, payé à sa sœur Claudine veuve Bobier.....   50 »

Total......   2,146 07

Du 3 nivôse.

Garde nationale. — Le Conseil délègue les citoyens Chaulmontet et Savigny, officiers municipaux, pour se rendre à Viry le 8 nivôse, avec les gardes nationaux de Saint-Julien, à l'effet de procé-

der à la nouvelle organisation de la garde
nationale.

Du 10 nivôse.

Fermiers nationaux. — Le Conseil
demande que les citoyens Etienne-François Pissard, Jean-Pierre Recoux, François Vouttier et Charles Veyrat, fermiers
des biens nationaux de la commune de
Saint-Julien, soient autorisés à payer
leurs fermages en assignats et non en
nature, vu le peu de denrées récoltées
cette année.

*Tableau des jeunes gens de 1re réquisition
réformés pour infirmités, arrêté par
le Conseil le 10 nivôse an III.*

1° Dunand Pierre-Humbert, faiblesse
de constitution.

2° Bernard Pierre, de Perly, borgne de
l'œil gauche.

3° Gantoy François, hernie inguinale.

4° Fontaine Jean, déviation de la
colonne vertébrale.

5° Bocquet Joseph, cicatrice adhérente
avec plaie sur le crâne, par suite d'une
morsure de bête féroce.

6° Mérard Amé, défaut de taille et
ulcère à la jambe gauche.

7° Excoffier Jean, hernie du côté droit.

8° Compagnon Jean-Marie, surdité.

Du 20 nivôse.

Entretien de l'horloge et des pompes à incendie. — Le Conseil donne l'entretien à Claude Mégevand pour la somme annuelle de 150 livres.

Du 29 nivôse.

Temple de la Raison. — Le Conseil insiste de plus fort auprès de l'administration du district pour que le garde-magasin des effets de campement, établi dans le temple de la Raison, évacue ce temple au plus vite.

Assignat à face royale. — Le citoyen François Dunand, ancien trésorier de la commune, a été condamné par le tribunal de Carouge à rembourser la somme de deux cents livres, montant d'un assignat à face royale, démonétisé, trouvé dans sa caisse, et le tribunal a ordonné que ledit assignat serait livré aux flammes. En conséquence, ledit Dunand a compté entre les mains de la municipalité la somme de 200 livres et remis l'assignat, qui a été brûlé incontinent.

Du 6 pluviôse.

Charrois militaires. — Certificat délivré au citoyen Charrin, brigadier, constatant que la grande quantité de neige l'empêche de conduire plus loin 7 chars de foin, à destination de Chambéry.

Du 10 pluviôse.

Instituteurs. — Le Conseil général, considérant les grands avantages que procureront à la jeunesse un instituteur et une institutrice capables de remplir les vues bienfaisantes de la Convention nationale;

Considérant que le citoyen Boccadelli, qui occupe maintenant la charge de secrétaire à l'administration du district de Carouge, est doué de tous les talents requis pour un emploi aussi utile à la chose publique et qu'il a manifesté son dévouement à cette place par sa lettre du 9 du courant;

Considérant que, par sa même lettre, il propose pour institutrice la citoyenne Jeannette Prévost, son épouse, dont les lumières sont aussi connues;

L'agent national entendu;

Le Conseil invite les membres du jury d'instruction à vouloir bien les nommer pour instituteur et institutrice de cette commune.

Du 12 pluviôse.

Recensement du bétail. — En exécution

2

de l'arrêté de l'administration du département, en date du 12 nivôse, le Conseil a fait procéder au recensement du bétail de la commune. L'opération a donné les résultats suivants :

	Chevaux	Mulets	Bœufs	Vaches	Génisses et Veaux	Moutons	Boucs	Chèvres
Saint-Julien...	19	4	24	58	24	64	3	»
Perly.........	»	»	26	36	21	5	2	»
Certoux.......	»	»	9	21	18	7	»	»
Chabloux......	1	»	12	18	8	»	»	1
Ternier.......	2	6	8	20	6	»	2	6
Totaux..	22	10	70	153	77	76	7	7

Du 20 pluviôse.

Ecoles. — Le Conseil, considérant que l'arrêté du conseil d'administration du district a établi que les sections de Cervonnex, Ogny et chez Jolliet seraient comprises dans le ressort des écoles primaires de Saint-Julien, décide de faire établir des passerelles sur les ruisseaux d'Aire et d'Arande pour faciliter l'arrivée des enfants de ces villages et de celui de Ternier.

(Dans cette délibération la population de la commune de Saint-Julien est évaluée à 614, et celle de Cervonnex, Ogny et chez Jolliet, à 138. — Total de la population du ressort de l'école de Saint-Julien : 752.)

Du 24 pluviôse.

Paille et bois. — Le Conseil fait la répartition de la fourniture de 111 quarterons de paille, mise en réquisition pour service militaire, ainsi que douze charriots pour transporter cinq cordes de bois de chauffage, de Pomier à Carouge.

Du 5 ventôse.

Inventaire. — Le Conseil estime à 250 livres les outils et effets mobiliers abandonnés par un Prussien, menuiser à Saint-Julien, qui a pris la fuite à l'arrivée des Français en Savoie.

Du 6 ventôse.

Acte d'état de biens d'émigré. — Le citoyen Burnet, maire, délégué pour reconnaître l'état des biens de l'émigré Dufour, situés à Perly, déclare que ces biens sont tous en bon état et cultivés en bon père de famille par le citoyen Charles Veirat, fermier. Il y aurait pour 3,350 livres de réparations à faire aux bâtiments.

Du 23 ventôse.

Réception de travaux. — Les citoyens

Burnet, maire; Etienne Picollet, excusant l'agent-national; Jacques Tagand, officier municipal, et Bouvier, secrétaire, procèdent à la reconnaissance et à la réception des travaux de réparations faits par le citoyen Beauquis, aux bâtiments de la ferme des Granges, provenant du ci-devant marquis d'Allinges-Coudrée.

Du 30 ventôse.

Notaires. — Le Conseil général invite le Directoire du district à nommer notaires à Saint-Julien les citoyens Etienne-François Pissard et Joseph-Jérôme Milliet, tous deux membres de l'administration révolutionnaire du district de Carouge, pourvus des certificats de civisme exigés par la loi et possédant les connaissances requises.

Du 23 germinal.

Indemnité nationale. — Le citoyen Etienne-François Pissard procède, en présence du Conseil, à la distribution d'une nouvelle somme de 1,620 livres aux parents des défenseurs de la Patrie, dénommés dans la délibération du 1er nivôse, pour l'indemnité nationale due pour les trimestres de nivôse et de germinal an III.

Du 7 floréal.

Gardes champêtres. — Le Conseil général nomme gardes champêtres les citoyens Noël Laventure, Antoine Mottet, Christophe Badel et Aimé Billon.

Berger public. — Le citoyen Noël Laventure est en outre nommé berger public et chargé de mener paître le bétail sur les divers fonds communaux, sous les conditions suivantes :

Il lui sera payé par les propriétaires qui lui confieront leur bétail :

1° Pour chaque vache, une quarte et demie de blé mêlé, beau et recevable ;

2° Pour chaque taureau ou génisse, demi-quarte ;

3° Pour chaque cheval, poulain ou mulet, demi-quarte.

Il est facultatif aux propriétaires de s'acquitter avec du blé noir ; dans ce cas, ils doubleront la quantité

Les propriétaires, à tour de rôle, fourniront chaque dimanche le déjeuner du berger à la manière accoutumée.

Il est interdit de mener paître des bêtes à laine sur les fonds communaux.

Du 29 floréal.

Réquisition. — Vu le décret du Comité

de salut public en date du 4 germinal qui met en réquisition le 5e des grains et farines, le conseil constate que la commune de Saint-Julien en a déjà fourni une grande quantité aux magasins militaires et aux marchés publics. Il n'en reste plus de disponible.

Du 27 prairial.

Sécheresse. — Vu la sécheresse qui met les moulins locaux dans l'impossibilité de fonctionner, le conseil demande à ce que les habitants de Saint-Julien soient autorisés à envoyer moudre leurs grains sur territoire genevois.

Du 5 messidor.

Faux poids. — Sur la réquisition du citoyen Henri Mignardet, brigadier des transports militaires, la municipalité saisit les poids reconnus faux dont se servait le citoyen Corbie, garde des magasins militaires de Saint-Julien.

Du 10 messidor.

Magasins militaires. — Le citoyen Louis Chenavier, garde-magasin des effets militaires, annonce que sous peu

les magasins vont être évacués complète-
ment, et qu'il est le cas de vendre aux
enchères un charriot, qui va devenir
inutile.

Du 12 thermidor.

Budget communal de 1793. — Le
citoyen François Burnet rend compte de
sa gestion comme receveur municipal
pour l'année 1793.

RECETTES

	livres	sols	den.
Produit de l'imposition foncière..................	2,362	1	8
Ferme des biens commu- naux à Jean-Louis Boi- mond....................	15	»	»
Total.....	2,377	1	8
Les dépenses se montent à	2,641	5	11
Déficit....	264	4	3

Sur quoi l'Etat doit rembourser 158
livres 9 sols pour travaux faits aux
casernes et au clocher.

Parmi les dépenses, nous trouvons :

12 livres au citoyen Laval, pour fourniture d'une livre de poudre brûlée le jour
de la Fédération de la prise de Toulon (*sic*).

246 livres au citoyen Bouvier, secrétaire de la municipalité pendant les 9
premiers mois de 1793.

100 livres aux citoyens Milliet et Picollet, secrétaires pour le dernier trimestre de la même année.

84 livres aux citoyens Gabriel Besson, Jacques Tagand et Joseph Côte, charpentiers, qui ont démoli le clocher des ci-devant capucins et celui de la commune, le 8 ventôse an II.

90 livres au citoyen Jacques Tagand, pour reconstruction de la toiture du clocher de la commune.

24 livres au citoyen Mégevand, pour l'entretien de la pompe à incendie.

24 livres à la citoyenne Michelle Chapuy, pour avoir remonté l'horloge pendant l'année.

20 livres au citoyen Chaumontet pour dépenses faites par les jeunes gens de première réquisition militaire.

37 livres pour achat de rubans tricolores pour la décoration des notables.

34 livres 12 sols pour dépenses faites chez Marin Henry, par les jeunes gens de première réquisition militaire, y compris le joueur de violon et le tambour.

15 livres pour achat d'une livre de poudre pour faire des cartouches pour marcher contre les troupes piémontaises arrivées à Sallanches en Faucigny, etc.

Du 10 thermidor.

Levée militaire. — La commune de Saint-Julien devant fournir un homme pour la levée militaire, en exécution de l'arrêté du représentant du peuple Réal, le Conseil général a convoqué les jeunes gens réunissant les conditions requises. Mais le tirage au sort a été évité parce que le citoyen François Pissolly, pour manifester son zèle depuis longtemps connu pour la chose publique, a déclaré vouloir servir la patrie.

Du 13 fructidor.

Boulangers. — Sur la réquisition des citoyens Chevalier, commissaire des guerres et Corbie, garde-magasin à la manutention de Saint-Julien, le Conseil, considérant la cherté des objets nécessaires à la vie, arrête que le salaire des boulangers employés au service de l'armée, leur sera payé, à compter du 1er thermidor dernier, à raison de 80 livres (assignats) (1) par jour, sans préjudice des rations de pain et de viande qui leur sont allouées.

Du 16 fructidor.

Boulangers. — Un nouvel arrêté fixe

---

(1) En thermidor an III, 100 livres assignats valaient 3 fr. 40, argent.

à 40 livres par jour le salaire des boulangers, manœuvres et ouvriers employés à la manutention de Saint-Julien, le précédent arrêté étant regardé comme non avenu.

Du 22 fructidor.

Douanes. — Le conseil général de la commune de Saint-Julien,

Vu l'arrêté du représentant du peuple Garnier (de l'Aube), en date du 18 courant, portant dans les art. 1 et 2 que le bureau des douanes nationales, ci-devant établi à l'Eluiset, sera provisoirement transféré au bourg de Saint-Julien et qu'il sera fourni un local pour cet établissement;

Observe au citoyen représentant que par l'art. 42 du titre 13 de la loi du 28 juillet, 2 et 6 août 1791, vieux style, les deux lieues de frontière doivent être fixées par les directoires de département sur le pied de la lieue de 2,283 toises, soit pour les deux lieues 4,566 toises, et que la distance ne peut ni être moindre ni excéder cette étendue;

Observe que le bourg de Saint-Julien, n'est éloigné de la frontière (1) que de

____

(1) La frontière était limitée du côté de Genève par l'Arve.

3,500 toises ; que l'établissement projeté serait contraire à la loi et que cette désignation ne peut venir que d'une erreur, d'autant plus qu'à la distance légale, il y a des localités très convenables ;

Observe qu'il y a eu constamment des défenseurs de la patrie cantonés à Saint-Julien ; que l'on en attend encore et qu'il est impossible de fournir en plus les logements aux employés des douanes ;

Observe que ce serait mettre de grandes entraves à l'approvisionnement du marché de Carouge, en ce que tous les habitants des communes environnantes, qui partent de grand matin pour aller audit marché, seraient obligés de venir prendre des acquits-à-caution à un bureau qui ne s'ouvre en été qu'à sept heures du matin et en hiver à huit, ce qui leur ferait perdre un temps précieux, leur ferait manquer le marché et les obligerait à porter leurs denrées à Genève ;

Observe que ce serait favoriser la contrebande au lieu de l'empêcher, puisque tous les chemins qui peuvent faciliter l'exportation des denrées à l'étranger, se trouveraient hors de l'enceinte dudit bureau.

Le conseil général a donc lieu d'espérer que le citoyen représentant prendra en considération ces observations véridiques ;

et désignera une autre localité pour l'établissement définitif du bureau des douanes.

Du 27 fructidor.

Garde champêtre. — Il est remis un fusil de calibre, avec baïonnette, au citoyen Noël Laventure, garde champêtre, qui le rendra en bon état après la récolte.

Du 28 fructidor an III.

Magasin militaire. — Vu la loi qui supprime la commission des approvisionnements, le Conseil délègue les citoyens Jean-Louis Boimond et Jacques Tagand, pour vérifier la comptabilité et la caisse du citoyen Corbie, garde-magasin.

Ce qui est exécuté immédiatement et tout est trouvé en règle.

Du 12 vendémiaire an IV.

Vendanges. — Après avoir convoqué la majeure partie des propriétaires, le Conseil arrête que les vendanges auront lieu les 13, 14, 15 et 18 du présent mois.

Du 24 vendémiaire.

Vente d'arbres. — Sur le rapport de

délégués qui ont visité les biens nationaux provenant des émigrés Dufour et
Frère, le Conseil invite le receveur des
domaines à mettre en vente plusieurs
arbres inutiles.

Du 15 brumaire.

Election. — L'an quatrième de la
République française une et indivisible,
le quinze brumaire,

L'assemblée communale de Saint-
Julien, canton de Viry, s'étant formée en
la ci-devant église, par la réunion des
citoyens ayant droit de voter, et s'étant
provisoirement constituée sous la présidence du citoyen Joseph-Antoine Présigny comme plus ancien d'âge, le citoyen
Joseph Présigny comme plus jeune, rem-
plissant les fonctions de secrétaire provisoire, il a été donné lecture de la loi du
20 vendémiaire dernier et de l'arrêté du
directoire du département du 28, portant
que dans les communes où la population
est au-dessous de 5,000 âmes les assemblées communales auront lieu ce jourd'hui
pour la nomination d'un *agent municipal*
et d'un *adjoint*, conformément à l'art. 28
de la Constitution.

Après quoi l'assemblée s'est définitivement constituée par la nomination au

scrutin et à la pluralité des voix du citoyen Joseph-Antoine Présigny pour président, du citoyen Joseph Présigny pour secrétaire et des citoyens Joseph Bouvier, Pierre Maréchallat et Etienne Picollet pour scrutateurs, lesquels ont pris place au bureau.

De suite il a été procédé par scrutin de liste simple, à l'élection d'un agent municipal. Le scrutin fermé et dépouillé a donné le nombre de 49 votants. Le citoyen Jacques Dunand a réuni 47 suffrages et le citoyen Etienne Picollet 2.

Ledit Dunand, ayant emporté la majorité absolue, a été proclamé agent municipal de la commune.

L'on a passé à un second scrutin comme ci-dessus pour l'élection d'un adjoint et son résultat a donné le nombre de 49 votants, desquels le citoyen Etienne Picollet a eu le suffrage de 43, le citoyen Pierre Burnet de 2, et les citoyens Joseph Bouvier, François Burnet, Joseph Recoux et Jean-Louis Boimond d'un chacun.

Ledit Picollet ayant réuni la majorité absolue, il a été proclamé adjoint-municipal de la commune.

Le président a ensuite déclaré la séance levée et l'assemblée s'est dissoute paisiblement aux cris multipliés de *Vive la République!*

Signé : J. A. Présigny, *président.*
P. Maréchallat, *scrutateur.*
J. Bouvier,   id.
E. Picollet,   id.
J. Présigny, *secrétaire.*

Du 29 nivôse.

Budget de 1794. — Le citoyen Claude Guilland, collecteur des 3/4 des impositions foncières de l'année 1794 (v. s.), rend ses comptes :

RECETTES..... 1,781 liv. 7 sols 1 den.
DÉPENSES..... 1,557 „ 17 „ „ „
——————————————————
EXCÉDANT. 223 „ 10 „ 1 „

Ce compte est approuvé par les membres de l'ancien conseil général et l'excédant est versé entre les mains du citoyen Jacques Dunand, agent municipal.

Du 23 germinal.

Bergère publique. — La citoyenne Catherine Fontaine est nommée bergère publique. Elle recevra comme salaire :

Une quarte de blé mêlé, beau et recevable, et douze sols de ci-devant Savoie pour chaque taureau, vache ou génisse au-dessus d'une année, outre les déjeuners suivant la coutume.

Du 25 germinal an VII.

Agent municipal. — Le 25 germinal an VII de la République française une et indivisible.

Les citoyens de la commune de Saint-Julien ayant le droit de voter se sont réunis à neuf heures du matin dans le temple décadaire dudit lieu, pour procéder à l'élection de l'agent municipal de ladite commune ensuite de l'avis donné par l'administration municipale de ce canton.

A l'ouverture de la séance, le citoyen Charles-Antoine Picollet, le plus âgé des citoyens présents sachant écrire, a pris la place de président provisoire et a désigné les citoyens François Vouttier, Jean-Louis Boimond et Pierre Burnet, les plus âgés après lui, pour remplir les fonctions de scrutateurs, et le citoyen Joseph Vouttier, reconnu le plus jeune, a rempli celle de secrétaire provisoire.

L'assemblée s'est ensuite définitivement constituée par la nomination au scrutin individuel d'un président définitif. Vingt-six citoyens ont émis leurs vœux en faveur du citoyen Charles-Antoine

Picollet; il a été proclamé président définitif.

La même opération a été faite pour l'élection du secrétaire. Vingt-cinq citoyens ont de même émis leurs vœux, qui se sont réunis en faveur du citoyen Jean-Louis Picollet; il a été proclamé secrétaire définitif.

L'un et l'autre, installés au bureau, ont prêté devant l'assemblée le serment *de haine à la royauté, à l'anarchie, fidélité et attachement à la République et à la Constitution de l'an III.*

Le président a ensuite annoncé à l'assemblée qu'il allait être procédé à la nomination de trois scrutateurs définitifs par un scrutin de liste.

Après l'appel et le réappel nominal des votants faits par le secrétaire, sur dix-sept votants qui ont émis leurs vœux, après avoir prêté individuellement le serment prescrit, les citoyens Jean-Louis Boimond, François Vouttier et Pierre Burnet ayant obtenu la pluralité absolue des suffrages, ont été proclamés scrutateurs définitifs et ont pris place au bureau.

Le président a ensuite fait lecture de l'art. 7, titre 1er, de la loi du 25 fructidor.

Nulle réclamation ne s'étant faite sur la qualité des votants, le secrétaire a fait lecture du titre III de la Constitution et de la lettre de l'administration municipale de ce canton du 19 ventôse dernier, portant que l'assemblée communale de Saint-Julien élira un agent-municipal, qui ne soit point parent de l'adjoint ni du citoyen Jacques Dunand, agent-municipal sortant, au degré déterminé par l'art. 176 de la Constitution.

Le président a annoncé que cette nomination devait être faite au scrutin individuel et à la majorité absolue des suffrages.

L'appel et le réappel nominal faits et terminés comme les précédents, et trente-quatre votants ayant émis leurs vœux, après avoir également prêté le serment prescrit, il est résulté du dépouillement du scrutin que tous les suffrages se sont portés sur le citoyen Louis-Antoine Milliet, notaire, qui a été proclamé par le président *agent municipal de la commune de Saint-Julien.*

La séance a été ensuite levée et l'assemblée s'est dispersée aux cris de : *Vive la République !*

Le président,
Ch.-Ant. Picollet.

Les scrutateurs,
Vouttier, Boimond.

Le secrétaire,
J. L. Picollet.

Du 10 floréal an VII.

Fête des époux. — Il a été célébré, dans le temple décadaire de la commune de Saint-Julien, la *fête des époux*, avec toute la pompe et la magnificence qu'exigeait une pareille circonstance.

Un citoyen a prononcé un discours pathétique dans lequel il a démontré les avantages de l'hymen et le sort heureux des époux unis; le malheur de ceux qui font du mariage un objet de spéculation et l'opprobre dont se couvrent aux yeux de leurs concitoyens les mendiants de divorce pour des motifs futiles, etc.

Du 10 messidor an VII.

Vol. — L'adjoint municipal Vouttier, faisant fonction de commissaire de police, assisté des citoyens Louis Pissard et Jean-Baptiste Jacatio, procède à une enquête relativement à un vol de vin commis dans la cave des sœurs Ducret, et du citoyen Milliet, agent municipal.

Du 10 thermidor an VII.

Publications. — L'agent municipal publie la proclamation du Directoire exécutif de la République française, en date du 25 messidor; la loi du 14 messidor, la proclamation du général Championnet, du 2 thermidor; la loi relative à l'amnistie du 14 messidor et la lettre suivante reçue de l'administration du département du Léman :

Citoyens,

Vous ferez préparer dans le chef-lieu de la commune de Saint-Julien les logements nécessaires pour 25 hussards, qui y arriveront le onze courant et y séjourneront jusqu'à nouvel ordre.

Signé : BASTIAN.

Du 24 brumaire an X.

Instruction publique. — En réponse à une circulaire du préfet du Léman, le maire Jacques Dunand fait savoir qu'il n'y a pas de maison d'éducation à Saint-Julien, mais un seul instituteur, nommé Denis Joseph, installé dans les bâtiments de l'ancienne cure. L'école est fréquentée par environ 50 élèves auxquels Denis enseigne les préceptes de la religion catholique, les éléments de la langue française et les premiers principes de l'écriture et de l'arithmétique. L'instituteur a été proposé à la commune par le maire et accepté, vu le besoin urgent

L'instituteur est salarié par les particuliers qui envoient leurs enfants à l'école.

Il serait nécessaire d'établir à Saint-Julien une maison d'éducation ; mais les frais d'établissement et d'entretien de cette maison et du personnel enseignant devraient être supportées par l'Etat, la commune étant absolument hors d'état de le faire.

APPENDICE

Pour faire suite à la liste des volontaires fournis par la commune de Saint-Julien aux armées de la République en 1792-93, nous donnons ci-après le nom des militaires de cette commune rentrés dans leurs foyers du 4 avril au 9 décembre 1814, après la première abdication de l'empereur Napoléon, avec les notices biographiques et les états de service que nous avons pu retrouver.

Nous donnons aussi la liste des militaires de la République et de l'Empire, réformés pour blessures et retraités, qui vinrent élire domicile à Saint-Julien en 1814 et 1815, pour conserver la nationalité française.

1. Paget Paul, capitaine au 52ᵉ régiment d'infanterie de ligne.
2. Albert Nicolas, officier de santé au 18ᵉ régiment de chasseurs à cheval.
3. Dunand Jean, des gardes d'honneur.
4. Vuagnat François-Dominique, fourrier dans la jeune Garde.
5. Compagnon Joseph, sous-lieutenant de la jeune Garde.
6. Hoffmann André, soldat.

7. Hoffmann Ennemond, soldat.
8. Vuarrier Bernard, blessé à la bataille de Villefranche, près de Lyon, en revenant d'Espagne.
9. Mivellaz Etienne, dragon de la Garde, 7 blessures.
10. Drivord François, du 93e de ligne, blessé au blocus de Besançon.
11. Jacatio François, fourrier.
12. Chaulmontet Etienne, de Perly.
13. Livron Jacques, de Certoux.
14. Ducret Aimé, de Therens.
15. Noirat Henri, soldat au 20e régiment d'infanterie de ligne.
16. Lagulaine Joseph, soldat au 4e régiment d'artillerie à pied; au service depuis 6 ans en Espagne. A encore un frère au service.
17. Blandin Charles, de Certoux.
18. Pillet Alexandre, grenadier au 23e régiment d'infanterie de ligne, venant d'Espagne.
19. Mottet, de Perly, estropié rentré des prisons de Russie.
20. Thomé Marie, soldat au 10e régiment d'infanterie.
21. Thomé Pierre, réformé.
22. Maréchallat Jean, perclus de douleurs rhumatismales, incapable d'un mouvement quelconque.
23. Revillard Pierre, sortant du 14e régiment de hussards.

NOTICES BIOGRAPHIQUES

PACTHOD Michel-Marie (1), né à Saint-Julien le 16 janvier 1764, fils de spectable Louis Pacthod, avocat-fiscal des bailliages de Ternier et Gaillard, et de Marie-Anne Rosset.

Garde du corps du roi de Sardaigne.
Commissaire auditeur des
   guerres .... le 18 octobre 1786.
Capitaine d'une compagnie franche du départe-ment du Mont-Blanc (nommé par le représen-tant du peuple Hérault
   de Séchelles)........ le 15 décembre 1792.
Elu premier lieutenant-colonel du 2ᵉ bataillon des volontaires nationaux du
   Mont-Blanc............... le 1ᵉʳ mai 1793.
Nommé provisoirement adjudant-général, chef de brigade, par les représentants du peuple près l'armée d'Italie..... le 5 janvier 1794.

---

(1) L'auteur de cette publication, ayant réuni un nombre considérable de documents relatifs au général Pacthod, prépare une biographie complète, qui paraîtra prochainement.

Sous-chef de l'état-major de l'expédition mari-
time...................... en janvier 1795.
Commandant temporaire à Mar-
seille...................... en mai 1795.
Nommé provisoirement général de brigade,
commandant en chef l'armée sous Toulon,
par les représentants du
peuple, dans le Midi....... le 26 mai 1795.
Confirmé dans le grade de
général de brigade.......... le 6 juin 1795.
Employé à l'armée des Alpes et
d'Italie................... le 13 juin 1795.
Employé à l'armée des Alpes par le représentant du peuple Fréron.. le 2 novembre 1795.
(A été employé dans la 3ᵉ division, puis chargé
des fonctions de commandant en Tarentaise.)
Admis au traitement de ré-
forme..................... le 18 mars 1797.
A cessé ses fonctions.......... le 2 mai 1797.
Employé à l'armée du Rhin-et-Moselle (a com-
mandé l'arrondissement de Landau, puis la
place de Strasbourg).. le 26 septembre 1797.
Admis au traitement de ré-
forme..................... le 24 mai 1798.
Employé près les troupes françaises en Hollande
au camp de Nimègue, puis à l'armée de
Hanovre........... le 1ᵉʳ septembre 1799.
Chargé, en outre, de la formation des bataillons
auxiliaires........... le 9 septembre 1799.
Commandant une brigade de la 1ʳᵉ division du
1ᵉʳ corps de la Grande-
Armée.................... le 29 août 1805.
Passé, avec sa brigade, au 1ᵉʳ corps de l'armée
d'Espagne............ le 7 septembre 1808.
Général de division .... le 16 novembre 1808.
Employé à l'armée d'Italie... le 21 mars 1809.
Commandant la 4ᵉ division d'infanterie de cette
armée à la réorganisation.. le 16 juillet 1809.

Employé à l'armée de Naples... le 9 mai 1810.
Disponible............... le 23 octobre 1811.
Employé à l'armée d'Illyrie (commandant la 2ᵉ
   division).................. le 16 mars 1812.
Commandant la 1ʳᵉ division du corps d'observa-
   tion d'Italie............ le 18 janvier 1813.
Commandant la deuxième division du même
   corps.................... le 17 mars 1813.
Commandant la 14ᵉ division d'infanterie du 12ᵉ
   corps de la Grande-Armée.. le 24 avril 1813.
Disponible au quartier-
   général............. le 17 septembre 1813.
Commandant la 3ᵉ division de la jeune garde
   impériale........... le 28 septembre 1813.
Commandant les gardes nationales de Sens,
   Montereau, etc......... le 24 janvier 1814.
Prisonnier de guerre....... le 25 mars 1814.
Rentré de captivité .... en avril 1814.
Commandant la 4ᵉ division mi-
   litaire................... le 26 mai 1814.
Commandant la 22ᵉ division d'infanterie à
   l'armée des Alpes. (N'a pas rejoint et a été
   remplacé dans ce commandement le 12 juin
   1815)................... le 18 mai 1815.
Resté disponible.
Inspecteur général d'infanterie dans les 8ᵉ et 9ᵉ
   divisions militaires...... le 1ᵉʳ juillet 1818.
Compris comme inspecteur général d'infanterie
   dans le cadre de l'état-
   major-général....... le 30 décembre 1818.
Membre de la commission d'examen des fusils
   de nouvelle invention..... le 20 août 1819.
Disponible............. le 30 décembre 1819.
Membre de la commission de révision du Code
   de justice militaire........ le 15 juin 1822.
Disponible................ le 1ᵉʳ mars 1823.
Retraité par ordonnance
   royale .... le 12 novembre 1826.

Décédé à Paris............. le 24 mars 1830.

Campagnes.

1792 et 1793, armée des Alpes et siège de Toulon; 1794, 1795, 1796 et 1797, armée des Alpes et armée des Alpes et d'Italie; 1798 armée de Rhin et Moselle; 1799, 1800, 1801, armée de Batavie; 1803 et 1804, armée de Hanovre; 1805, 1806 et 1807, grande-armée; 1808, armée d'Espagne; 1809, armées d'Italie et d'Allemagne; 1810, 1811, armée de Naples; 1812, armée d'Illyrie; 1813, Saxe; 1814, France.

Blessures.

Sept blessures par suite d'un boulet de canon au siège de Toulon, le 1er novembre 1793.

Blessé à la bataille de Mohrungen, le 21 janvier 1806.

Coup de feu à l'épaule gauche à l'attaque du pont de Saxenhausen, le 31 octobre 1813.

Actions d'éclat.

A repoussé près du Beausset, le 24 mai 1793, avec 900 hommes de la garnison de de Marseille, 5,000 Toulonnais révoltés. (La ville de Marseille lui offrit un sabre d'honneur après cette affaire.)

S'est particulièrement distingué aux batailles de Mohrungen, de Friedland et d'Espinosa.

A Villeseneux, le 25 mars 1814, à la tête des gardes nationales de l'Yonne, il résista pendant six heures aux efforts des armées alliées commandées par l'empereur de Russie et le roi de Prusse.

Fait prisonnier, il reçut les félicitations des deux monarques, témoins de son héroïque ténacité et de sa bravoure.

Décorations.

Chevalier de la Légion
   d'honneur .... le 11 décembre 1803.
Commandeur........... le 14 juin 1804.
Grand-Officier .... le 22 juillet 1813.
Chevalier de Saint-Louis. le 13 août 1814.
Chevalier de l'ordre de la Couronne de fer
   d'Italie.

Titres.

Baron de l'Empire .... le 19 mars 1808.
Comte .... le 20 mai 1813.

Dotations.

4,000 francs de rente annuelle sur les biens
   réservés en Vestphalie.... le 17 mars 1808.
4,000 fr. de rente sur le département de
   Rome.................... le 15 août 1809.

Le nom du général comte Pacthod est inscrit au côté sud de l'Arc-de-Triomphe de l'Etoile.

Lorsque la Savoie fut détachée de la France et rendue au roi de Sardaigne, le général Pacthod fut naturalisé français le 14 août 1816.

GALLEY Pierre, né le 9 avril 1756, à Saint-Julien, fils de Joseph-Marie Galley, lieutenant juge-mage (1), et de Jeanne-Marie Bugnet.

Cavalier au régiment Royal-Normandie............... le 8 janvier 1770.
Incorporé au corps des carabiniers................ le 4 octobre 1782.
Brigadier..................... le 18 août 1784.
Maréchal des logis........... le 28 août 1785.
Passé au 2ᵉ régiment de carabiniers.. en 1788.
Sous-lieutenant......... le 15 septembre 1791.
Lieutenant.................... le 16 mai 1792.
Capitaine (27 janvier 1797)... 8 pluviôse an V.
Retiré du service avec la récompense nationale............ floréal an VIII.
Retraité.............. le 28 brumaire an IX.
Inspecteur de police et employé dans les bureaux de la préfecture du Léman, à Genève ; commandant provisoire de la place de Saint-Julien.................... en juin 1815.

Campagnes.

A fait les campagnes de 1792 à 1800. Chute de cheval à l'affaire de Bliscastel (17 novembre 1793), dont il est résulté des crachements de sang et une affection de poitrine. Proposé pour la récompense nationale.

Proposé le 22 brumaire an V, par le général Kellermann comme adjudant de la place de

---

(1) Galley, lieutenant juge-mage, succéda comme juge-mage à Saint-Julien au sénateur Charles-Antoine Paget, décédé le 4 novembre 1763.

Le juge-mage Galley mourut à Saint-Julien le 9 avril 1765, à l'âge de 47 ans.

Carouge. Mais cette nomination ne put avoir lieu.

Proposé de nouveau le 29 brumaire an IX, par le général Kellermann, sénateur, pour un poste d'adjudant capitaine à Genève ou à Chambéry.

Mort à Ferney le 25 juin 1830.

Marié le 30 prairial an VI (18 mai 1798) à Michel Marie-Anne, de Lunéville.

—————

MILLIET Louis-Antoine, né à Saint-Julien le 21 octobre 1766, fils de François Milliet et de Marie Compagnon.

Notaire au moment de l'entrée des Français en Savoie, fut élu maire de Saint-Julien. Engagé volontaire au 2ᵉ bataillon des volontaires nationaux du Mont-Blanc, il fut nommé capitaine le 1ᵉʳ mai 1793, donna sa démission après le siège de Toulon auquel il assista. Rentré le 14 ventôse an II avec le grade de quartier-maître-lieutenant, à la 10ᵉ demi-brigade de l'armée d'Italie, il fut définitivement congédié pour infirmités le 21 germinal an IV. Revenu à Saint-Julien, il reprit son étude de notaire, et fut élu commandant du bataillon de la garde nationale du canton de Viry pour l'an V.

Lorsque les municipalités de commune furent rétablies, pendant le consulat, il fut nommé maire de Saint-Julien et installé le 25 fructidor an VIII (12 septembre 1800). Il remplit ces fonctions jusqu'à sa mort arrivée le 7 germinal an IX (20 mars 1801).

—————

PISSARD François-Louis, né le 16 mai 1770, fils de Joseph-Antoine Pissard et de Sébastienne Collomb.

Engagé dans le 2e bataillon de volontaires nationaux du Mont-Blanc, il fut élu sous-lieutenant. Prit part au siège de Toulon, où il fut blessé. Versé avec le 2e bataillon du Mont-Blanc dans la 19e demi-brigade de bataille de l'armée d'Italie, 8e compagnie du 1er bataillon, le sous-lieutenant Pissard, atteint d'hémophtisie, par suite des fatigues de la campagne, fut renvoyé dans ses foyers le 17 frimaire an III.

Louis Pissard fut élu à plusieurs reprises adjudant du bataillon de la garde nationale du canton de Viry.

Il mourut à Saint-Julien le 28 septembre 1834.

BOIMOND Jean-Claude, né à Saint-Julien le 9 juin 1770, fils de Jean-Louis Boimond et de Prospère Naville.

Entré au service militaire en 1793; nommé adjoint de 2e classe du génie militaire le 1er vendémiaire an III (22 septembre 1794).

Voici comment s'exprime à son égard un rapport de ses chefs (1) :

« Le citoyen Boimond a étudié les mathématiques élémentaires avec assez de fruit. Il est

____

(1) Archives du ministère de la guerre. Rapport des citoyens Maurin, capitaine du génie, sous-directeur, et Tournadre, directeur des fortifications. Fort Barrault, le 15 pluviôse an VII.

très intelligent et judicieux. Sa correspondance annonce de l'esprit et une première éducation soignée. Il est au fait de toutes les parties pratiques du métier.

« Il est de mœurs et de conduite irréprochables; zélé pour la République et paraissant très porté à l'étude des connaissances du métier.

« Il a été chargé pendant l'an III° de la République des travaux de fortification du Mont-Valaisan; employé en sous-ordre à Faverges pendant l'an IV; chargé du service de la Tarentaise en l'an V; enfin, chef du génie à Carouge et à Annecy depuis le 15 thermidor an VI (2 août 1798) jusqu'au 24 vendémiaire an VII (15 octobre 1798), jour où il a reçu l'ordre de se rendre à Genève, d'où il continue à faire le service de ces deux places uniquement par zèle et désir de se rendre utile.

« Il a toujours rempli ses fonctions avec la plus grande exactitude et de la manière la plus satisfaisante.

« Cet adjoint entend fort bien la comptabilité et peut devenir par la suite un bon ingénieur, d'après son intelligence et ses heureuses dispositions.

« Il serait à désirer qu'on le nommât de 1re classe, tant par rapport à son mérite que relativement aux fonctions dont il est chargé. »

Le 6 germinal an IV (26 mars 1796), le ministre de la guerre lui accorda une indemnité de 550 livres pour la perte de ses effets qui furent brûlés dans un incendie à Bourg-Saint-Maurice, la nuit du 17 au 18 fructidor an III (3 au 4 septembre 1795).

Les adjoints du génie ayant été supprimés par un arrêté du premier consul, en date

du 18 vendémiaire an X, Boimond cessa, le
1er nivôse suivant, les fonctions qu'il remplissait
à Genève (1) et fut gratifié d'une pension pour

(1)   I

RÉPUBLIQUE FRANÇAISE

Liberté ——————— Egalité

Au nom de la République, une et indivisible, le
ministre de la guerre a nommé le citoyen Boimond à
l'emploi d'adjoint du génie de 2° classe, à compter
du 1er vendémiaire an IIIe de la République.

Paris, le 9 floréal an IVe de la République, une et
indivisible.

Le ministre de la guerre,
(Signature illisible.)

II

Le général de brigade d'artillerie, chef du bureau
du personnel du génie, au citoyen Boimond,
officier du génie, à Carouge.

Paris, le 16 vendémiaire an VII.

Le ministre de la guerre me charge, citoyen, de
vous annoncer qu'il vient de vous désigner pour être
employé en votre qualité à Genève, sous les ordres
du chef de brigade Monnier, commandant du génie
de cette place.

Ce commandant et le directeur des fortifications
à Grenoble vont être prévenus de cette disposition.

Le général de brigade d'artillerie,
Signé : DROUOT.

III

Paris, le 23 frimaire an X.

Le ministre de la guerre annonce au citoyen
Boimond, adjoint du génie à Genève, que, d'après la
nouvelle organisation de l'arme du génie, adoptée
par le premier consul, en conformité de l'arrêté du
18 vendémiaire dernier, les adjoints du génie se

les services rendus. Il rentra à Saint-Julien où il reprit sa profession de géomètre.

Conseiller municipal de Saint-Julien de 1806 à 1814, Boimond fut nommé maire le 14 juillet 1814, sous le règne de Louis XVIII. Il fut remplacé le 12 juillet 1815 (Cent-Jours) ; mais il reprit la mairie à la chute de Napoléon et la conserva pendant l'annexion de Saint-Julien à la République de Genève, et lors de la restitution de Saint-Julien au roi de Sardaigne, il fut nommé syndic, du 15 novembre 1816 au 23 janvier 1823. Il exerça les mêmes fonctions pendant les années 1827, 1828 et 1829, et mourut le 31 octobre 1832 (1).

DUVAL François-Gaspard (2), né à Saint-Julien le 30 septembre 1773, fils

---

trouvent réformés et qu'il cessera ses fonctions à partir du 1er nivôse prochain.

En récompense de ses services, il jouira du traitement de réforme attribué au grade auquel il est assimilé.

Vu par le premier inspecteur général du génie :

Signé : MARESCOT.

(1) Dans un état des officiers et troupes séjournant dans le département du Léman, à la date du 30 pluviôse an VIII (19 février 1800), signé par l'adjudant général Grillon, commandant le département, Boimond figure dans l'état-major du génie avec le grade de capitaine. (Archives de la guerre.)

(2) Grand-père de l'auteur de cette publication.

de Jean-François Duval et de Marie Bornand.

Engagé au 2ᵉ bataillon des volontaires nationaux du Mont-Blanc, le 4 mars 1793. Nommé caporal pendant le siège de Toulon ; passé avec son bataillon à la 19ᵉ demi-brigade de bataille de l'armée d'Italie et promu sergent en l'an II (1795).

Détaché en qualité de secrétaire auprès du commissaire des guerres Roussillon (1) en l'an VII (1799).

Campagnes.

1793, armée des Alpes, Midi et siège de Toulon ; 1794, armée d'Italie ; 1795 armée des

---

(2) RÉPUBLIQUE FRANÇAISE

Armée d'Italie.

Nous soussigné, commissaire des guerres employé à l'armée d'Italie, certifions à tous ceux qu'il appartiendra que, lors de la retraite de l'an VII *, le citoyen François-Gaspard Duval, sergent, fils de Jean-François Duval et de Marie Bornand, natif de Saint-Julien, département du Léman, cy-devant volontaire du 2ᵉ bataillon du Mont-Blanc, a perdu la réquisition et les autres pièces qui constataient sa légale sortie du corps, ainsi que tous ses papiers et d'autres effets à lui appartenant, qui lui furent pris par l'ennemi, dans ma malle qui les renfermait avec plusieurs de mes effets, vu qu'en ce moment il était attaché près de moi en qualité de secrétaire.

En témoin de quoi je lui ai délivré le présent pour lui servir et valoir ce que de raison.

Milan, le 6 prairial an IXᵉ républicain (26 mai 1801).

Le Commissaire des guerres,
Signé : ROUSSILLON.

* Bataille de Novi, 28 thermidor an VII (15 août 1799).

Alpes et d'Italie; 1796 et 1797, armée d'Italie 1798 et 1799, armée d'Italie; 1800, armée de Ligurie, siège et blocus de Gênes (1).

-----

(1) Le siège de Gênes fut un des plus mémorables dont l'histoire fasse mention. Il mit le comble à la réputation militaire et à la gloire du général Masséna, qui, l'année précédente, avait sauvé la France en anéantissant à Zurich l'armée russe de Souwarow.

Le journal des opérations militaires de ce siège extraordinaire a été publié l'année suivante, par un des officiers de l'état-major de Masséna, l'adjudant-général Thiébault *.

Lorsque Masséna vint prendre le commandement de l'aile droite de l'armée d'Italie, dite armée de Ligurie, cantonnée à Gênes et dans les environs, cette armée se composait de trois divisions, ayant un effectif de 15,000 hommes, mais pouvant à peine mettre en ligne 10,000 hommes, tellement cette armée était épuisée par les fatigues de la guerre, les privations et les maladies.

Sous l'impulsion énergique de son chef, cette armée fit des prodiges :

" Qui pourra donc, dit l'adjudant-général Thiébault, jamais citer ce blocus sans que l'orgueil national en soit flatté; se rappeler sans une noble satisfaction d'en avoir partagé les travaux, et y penser sans étonnement.

" Qui pouvait jamais rien attendre de semblable des débris de l'armée d'Italie? Qui aurait cru que ces malheureux soldats, sans pain, sans argent, sans habits et sans chaussures, souvent sans munitions, à la fin presque sans chefs, n'ayant plus que le sentiment de l'honneur national, aient encore été en état de soutenir plus de soixante et dix jours de combats et de batailles; aient détruit à l'ennemi plus de monde qu'ils n'étaient de combattants; lui aient pris plus d'hommes qu'ils n'en avaient à lui opposer, l'ayant souvent combattu avec ses propres cartou-

* Paris, MAGIMEL, libraire pour l'art militaire; an IXᵉ républicain (1801).

Congédié en messidor an IX (juillet 1801) et renvoyé dans ses foyers, Duval fit partie du Conseil municipal de Saint-Julien du 30 mai 1834 jusqu'à sa mort, arrivée le 19 octobre 1841.

Son congé militaire constate qu'il lui est dû sa solde entière pour les ans VII et VIII (1799-1800).

---

ches et subsisté de son pain; aient en outre contenu une population de plus de 160,000 âmes en proie à toutes les horreurs d'une famine effroyable; aient défendu par terre et par mer une ville dont la seule défense aurait exigé plus de 20,000 hommes de garnison; aient vécu d'une nourriture que les chiens refusaient; aient supporté dans cet état soixante jours de blocus, quarante-cinq jours de siège et quinze jours de marches continuelles dans les rochers les plus difficiles, sans compter les combats de tous les jours, les bombardements de toutes les nuits, la famine la plus horrible et la misère la plus cruelle. „

Mais si elle avait tué ou pris plus de 18,000 Autrichiens, cette brave garnison avait elle-même perdu 3,000 hommes tués au feu, 4,000 autres étaient blessés. Presque tous les généraux et les trois quarts des officiers furent tués ou blessés. Onze colonels sur dix-sept furent mis hors de combat. Un exemple suffira pour donner une idée des pertes éprouvées : La 2e demi-brigade d'infanterie de ligne, qui comptait 97 officiers au début du siège, n'en avait plus que *deux* sans blessures à la fin des hostilités.

Attaqué le 15 germinal an VIII (5 avril 1800), Masséna remit la place aux Autrichiens le 15 prairial suivant (5 juin), en sortant avec tous les honneurs de la guerre, en emportant tout son matériel et même les drapeaux qu'il avait conquis sur l'ennemi.

PAGET Paul-François-Joseph, né à Saint-Julien le 10 avril 1781, fils de Claude-Pierre Paget, sénateur, ancien juge-mage des bailliages de Ternier et Gaillard, et de Marie-Péronne Pacthod ; neveu de l'évêque Paget et du général Pacthod ; entra à l'école militaire de Saint-Cyr, d'où il sortit sous-lieutenant.

Sous-lieutenant au 52ᵉ régiment d'infanterie................... le 9 juillet 1809.
Lieutenant.................... le 1ᵉʳ avril 1813.
Capitaine..................... le 8 juillet 1813.
Mis en demi-solde..... le 1ᵉʳ septembre 1814.
Rappelé à l'activité comme capitaine au 20ᵉ régiment d'infanterie............ le 28 mars 1815.
Remis en demi-solde........ le 16 août 1815.
Réadmis comme capitaine au 1ᵉʳ bataillon de la 2ᵉ Légion des Côtes-du-Nord.................... le 26 mai 1819.
Passé au 13ᵉ régiment d'infanterie.......... le 18 décembre 1820.
Réformé.................... le 12 juin 1822.
Réadmis capitaine au 53ᵉ régiment d'infanterie.................... le 19 avril 1829.
Admis au traitement de réforme.............. le 1ᵉʳ novembre 1831.

Campagnes.

1809, Allemagne et Hongrie ; 1813, Allemagne.

Décoration.

Chevalier de la Légion d'honneur.............. le 22 juillet 1813.

ALBERT Nicolas, né le 6 novembre 1784 à Viry (Léman), fils de Marc-Antoine et de Marie Sautier.

Chirurgien sous-aide au bataillon franc de l'île d'Elbe.............. le 27 décembre 1806.
Employé dans les hôpitaux de l'armée d'Italie...... le 22 décembre 1808.
Employé dans la 29e division militaire.................... le 27 août 1811.
Attaché à l'hôpital de Monte-Argentaro.
Chirurgien aide-major au 19e régiment de chasseurs.............. le 14 octobre 1811.
Passé au 10e régiment de chasseurs................. le 1er août 1814.
Licencié.............. le 4 septembre 1814.

COMPAGNON Joseph, né à Saint-Julien le 1er septembre 1790, fils de Pierre Compagnon et d'Henriette Babel.

Conscrit de l'année 1810, incorporé aux fusiliers-chasseurs de la garde impériale,........... le 19 novembre 1809.
Resté en arrière en Russie (retraite de Moscou)................ le 29 décembre 1812.
Rayé des contrôles...... le 31 décembre 1812.
Rentré et incorporé au 2e régiment de chasseurs à pied de la garde impériale.. le 19 mars 1813.
Fourrier au 10e régiment de voltigeurs de la garde impériale.......... le 14 mai 1813.
Prisonnier de guerre à Torgau.............. le 10 janvier 1814.

Rentré de captivité et passé comme chasseur au
corps royal des chas-
seurs de France...... le 22 septembre 1814.
Fourrier.................... le 13 mars 1815.
Passé avec son grade aux chasseurs à pied de la
garde impériale.......... le 1er avril 1815.
Passé à la Légion départementale du Mont-Blanc
(légion non formée).... le 1er octobre 1815.
Engagé volontaire aux dragons du Calvados,
devenus le 1er régiment de dragons. Briga-
dier..................... le 18 juin 1817.
Maréchal des logis......... le 13 juillet 1817.
Maréchal des logis chef.,.. le 1er janvier 1819.
Adjudant-sous-officier...... le 16 juillet 1820.
Sous-lieutenant........,...... le 10 avril 1822.
Sous-lieutenant-porte-éten-
dard................... le 18 mars 1825.
Lieutenant............... le 2 novembre 1828.
Adjudant-major........... le 5 janvier 1832.
Capitaine-adjudant-major.. le 2 novembre 1832.
Capitaine.................... le 10 juin 1833.
Capitaine d'habillement...... le 25 juin 1836.
Retraité pour ancienneté de services par ordon-
nance (pension de
1,350 francs)...... le 16 septembre 1842.

Campagnes.

1810 et 1811, Espagne; 1812, Russie; 1813
et 1814, Saxe et captivité; 1815, armée du
Nord.

Blessures.

Coup de lance en Russie, en 1812; trois
coups de feu à la bataille de Dresde, le 26 août
1813.

Décoration.

Chevalier de la Légion
d'honneur.................. le 1er mai 1821.

Marié le 4 avril 1821 à Joséphine-Marie
Pennequin.

=====

VUAGNAT François-Dominique, né
à Saint-Julien le 10 novembre 1794,
fils de Jean Vuagnat et d'Elisabeth
Pougnier.

Arrivé au dépôt général des
   conscrits................. le 26 avril 1813.
Incorporé au 12e régiment de tirailleurs de la
   garde impériale.......... le 27 avril 1813.
Fourrier...................... le 21 mai 1813.
Caporal.............. le 16 septembre 1813.
Congédié comme étranger.. le 14 juillet 1814.

Campagnes.

1813, Saxe; 1814, France.

Vuagnat, alla s'établir à Chambéry, où il fut
nommé en 1830 capitaine de la garde urbaine.

De 1833 à 1853, il fut fermier de l'octroi de
cette ville.

En 1848, il prit une part active au mouvement qui se produisit en Savoie pour demander
l'annexion à la France, et qui coïncida avec
l'arrivée des Savoyards venus de Lyon et
désignés sous le nom de *Voraces.*

M. Vuagnat fut ensuite major de la garde
nationale de Chambéry de 1852 à 1859.

Il contribua encore en 1860 au mouvement annexioniste français et fut nommé chevalier, puis officier de la Légion d'honneur.

Il est décédé le 9 octobre 1861, à Saint-Alban (Savoie), et a été inhumé à Chambéry.

DUNAND Jean, né à Saint-Julien le 2 avril 1793, fils de Jacques Dunand et de Jeanne-Marie Pissard.

Incorporé au 4ᵉ régiment des gardes d'honneur............................ le 11 juin 1813.
Licencié........................ le 24 juin 1814.
Décédé à Saint-Julien.... le 9 septembre 1834.

DRIVAUX François, né le 18 mai 1782.

Remplaçant.
Arrivé au 93ᵉ de ligne.... le 5 décembre 1813.
Réformé.................... le 6 mai 1814.

LAGUTAINE Joseph, né le 15 février 1786, à Saint-Julien, fils de Jean-Jacques Lagutaine et de Françoise Dupraz.

Conscrit de 1806.
Arrivé au 23ᵉ léger........ le 13 juillet 1808.
Passé au 7ᵉ régiment
    d'artillerie à pied... le 21 décembre 1811.

Passé au 4ᵉ régiment d'artil-
lerie...................... le 31 mars 1813.
Parti pour l'infanterie .... le 11 octobre 1814.
Décédé...................... le 3 avril 1867.

———

PILLET Alexandre, né le 22 janvier 1788, à Saint-Julien, fils de Laurent Pillet et de Pernette Lognau.

Remplaçant.
Arrivé au 23ᵉ de ligne...... le 23 avril 1808.
Grenadier...................... en 1811.
Passé au 3ᵉ régiment
    d'artillerie à pied... le 21 décembre 1811.
Prisonnier de guerre......... le 6 mai 1813.

———

MOTTET Pierre, né à Saint-Julien (Perly) le 1ᵉʳ novembre 1790, fils d'André Mottet et de Françoise Bernard.

Entré au service, le 24 mars 1809, comme conscrit de 1810.
Grenadier au 2ᵉ bataillon du 9ᵉ régiment d'infanterie de ligne.

Campagnes.

Autriche.................. en 1809.
Tyrol...................... en 1810.
Russie.................... en 1812.

Blessure : Un coup de feu à la cuisse gauche.
Réformé comme hors d'état de continuer le

service militaire, à Landau, le 17 novembre 1814.

Rentré dans ses foyers le 10 février 1815.

———

MIVEL Etienne, né le 25 août 1792, à Saint-Julien, fils de Jean Mivel et de Jeanne-Marie Gaillard.

Conscrit de 1812.
Gendarme d'élite, le 9 mars 1813.
Dragon de la Garde, le 12 janvier 1814.
Congédié, comme étranger, le 19 octobre 1814.

———

THOMÉ Jean-Marie, né le 9 janvier 1793, à Saint-Julien, fils de Jacques Thomé et de Claudine Lustachon.

Conscrit de 1813.
Arrivé au 19e de ligne le 2 décembre 1813.
Parti le 6 mai 1814.
Décédé le 23 mai 1857.

———

REVILLOT ou REVILOD Pierre, né le 15 septembre 1794.

Conscrit de 1814.
Arrivé au 156e de ligne le 30 septembre 1813.
Passé au 14e hussards le 7 février 1814.
Parti le 8 avril 1814.

———

ÉTAT des militaires de la République et de l'Empire, réformés pour blessures et retraités, qui ont élu domicile à Saint-Julien en 1814 et 1815 (pour conserver la nationalité française).

Joly Pierre-Baptiste, ex-capitaine retraité par arrêté du 18 brumaire an XI, n°° 2 et 11,978.

Trosset-Métral Claude, grenadier au 5° régiment de ligne, né à La Chapelle, retraité le 28 juin 1810.

Bilon Claude, fusilier au 36° de ligne, né le 11 novembre 1779, à l'abbaye d'Abondance, retraité le 12 avril 1807.

Schautann Daniel, vétéran à la 5° demi-brigade, né à Genève le 16 janvier 1757, retraité à Ballaison le 9 août 1810.

Jacquier Antoine, sergent au 11° régiment de ligne, né à Thollon le 5 avril 1774, retraité le 24 septembre 1812.

Perrin Jacques-André, fusilier au 23° de ligne, né aux Eaux-Vives (Genève), le 11 décembre 1789, retraité le 8 mars 1810.

Arpin Jacques-Daniel-David, chasseur au 23° infanterie légère, né à Genève le 28 février 1792, retraité le 24 juin 1813.

Lavalette Georges, chasseur à pied de la garde impériale, né à Genève le 2 août 1772, retraité le 3 mai 1810.

Pariat Jean-François, soldat au 2° régiment de tirailleurs de la garde, né à Marin (Chablais), le 19 décembre 1779, retraité le 30 avril 1812.

Charles Aiméd (sic), canonnier vétéran à la 3° compagnie, né à Chevenoz (Chablais), le 10 août 1769, retraité le 21 janvier 1807.

Guinet Etienne, tambour à la compagnie du dépôt du 122ᵉ de ligne, né à Genève le 12 septembre 1787.

Desmarquettes, capitaine au 47ᵉ régiment de ligne.

Bullet François-Joseph, capitaine au 103ᵉ régiment de ligne, de Saint-Jean-d'Aulph.

Fumon Pierre-Joseph, capitaine au 131ᵉ régiment de ligne, de Contai en Valais.

Cocquoz Jean-Pierre, sous-lieutenant au 11ᵉ d'infanterie légère, de Saint-Maurice en Valais.

Gay Joseph, soldat au 1ᵉʳ bataillon des sapeurs de France, né à Annecy le 26 mai 1773.

Arragain Jean-Pierre, dit Lorraine, caporal au 26ᵉ infanterie légère, né à Menthon, près d'Annecy, le 24 novembre 1782.

Arambourg Charles, carabinier au 26ᵉ régiment, né à Talloires.

Vesin Guillaume, invalide retraité, natif de Meillerie.

Honguère Pierre-Paul, caporal aux grenadiers de la garde impériale, né à Genève le 26 décembre 1782, retraité le 14 juin 1810.

Gex Antoine, maréchal des logis au 15ᵉ régiment de dragons, né à Bossey le 27 février 1770, retraité le 30 brumaire an XI.

Vectre Jacques-David, garde national, né à Genève le 28 janvier 1774, retraité le 22 fructidor an XIII.

Dulheil Jacques-Daniel, soldat au 5ᵉ de ligne, né à Genève le 1ᵉʳ décembre 1775, retraité le 19 octobre 1806.

Dunand François-Louis, sergent au 23ᵉ d'infanterie légère, né à Genève le 5 janvier 1778, retraité le 18 août 1810.

Buttin Jean-Antoine, sergent-major au 148e régiment de ligne, né à Genève le 28 janvier 1789.

Reymann Gaspard-Henri, cavalier au 15e dragons, né à Genève le 25 octobre 1777, retraité le 30 août 1810.

Dufey Louis-Henry, cavalier au 9e hussards, né à Genève le 21 février 1791, retraité le 20 décembre 1811.

Charlin Clément, vétéran à la 5e demi-brigade, né à Lyon le 25 mars 1755, retraité le 27 septembre 1808.

Gaud Pierre-Louis, carabinier au 26e régiment de ligne, né à Chêne le 26 avril 1783, retraité le 11 mars 1810.

Collet Gabriel, maréchal des logis au 1er hussards, né à Chêne le 25 février 1782, retraité le 23 novembre 1800.

Chapuy Jacob, sergent au 2e bataillon de sapeurs, né à Vandœuvre le 12 mai 1781, retraité le 30 germinal an XI.

Cabanal Pierre, appointé, né à Genève le 15 avril 1745, retraité le 14 nivôse an IX.

Brunet François, capitaine au 12e régiment d'infanterie légère.

Pouzalt Antoine, sous-lieutenant au 2e hussards.

Naz Jean, sergent à la 60e demi-brigade (6e compagnie, 1er bataillon), né à Thonon, retraité le 20 floréal an X.

Sauthier Pierre, carabinier au 2e régiment, né à Lancy, retraité le 15 octobre 1810.

Carrier Joseph, caporal au 2e bataillon du Mont-Blanc, né à Collonges-Bellerive, retraité le 14 nivôse an IX.

Lamy Jean, fusilier au 10e régiment de ligne, né à Collonges-Bellerive, retraité le 20 mars 1810.

André Laurent. maréchal des logis au 15° dragons, né à Evian le 23 juin 1780, retraité le 19 septembre 1812.

Gobel Claude-François, chasseur à la 27° demi-brigade d'infanterie légère, né à Thonon le 17 mai 1774, retraité le 10 février an IX.

Durand Joseph-Marie, carabinier à la 27° demi-brigade d'infanterie légère, né à Thonon le 14 mars 1770, retraité le 9 fructidor an IX.

Consigliery Maurice, sergent au 9° bataillon de vétérans, né à Genève, retraité le 20 juillet 1813.

Décombard Claude, caporal au 82° régiment de ligne (3° compagnie, 7° bataillon), natif de Vailly (Chablais), retraité le 1er octobre 1809.

Dupuy Joseph-Marie, sous-lieutenant au 69° régiment de ligne, chevalier de la Légion d'honneur.

Latoix Jean-Pierre, grenadier à la 69° demi-brigade de ligne, retraité le 18 octobre 1810, domicilié à Carouge.

Beuglet Nicolas, fusilier au 1er régiment d'infanterie suisse, retraité le 10 août 1813, domicilié à Carouge.

Cruz Jean-Claude, voltigeur au 8° régiment de ligne, né à Bossey, retraité le 10 novembre 1809.

Pellerin Gaspard, fusilier au 23° régiment de ligne, né à Bernex, retraité le 8 juin 1810.

Brigand Claude-Ignace, grenadier, retraité le 14 nivôse an IX, domicilié à Douvaine.

Morel Louis-Nicolas, chasseur à la 21° demi-brigade, armée d'Orient, sortant des Invalides, né à Anthy (Chablais), retraité le 31 mai 1810.

Foret Claude, grenadier, à la 11° demi-brigade de ligne (2° compagnie), né à Hermance le 20 février 1774, retraité le 14 nivôse an IX.

Néperchemitte Emmanuel, capitaine au 18e régiment d'infanterie légère, né à Genève le 11 février 1774, retraité le 2 avril 1812.

Froment Hugues, lieutenant à la 80e demi-brigade, né à Genève le 4 octobre 1781, réformé et retraité le 30 avril 1812.

Borel David-Henri-Frédéric, caporal au 39e régiment de ligne, né à Genève le 4 juin 1782, retraité le 25 février 1807.

Pagot Jean-Claude, cavalier au 10e cuirassiers (10e compagnie), né à Thonon le 25 août 1783.

Ticon Jean-Louis, sergent de grenadiers au 5e bataillon du Mont-Blanc, né à Thonon le 3 septembre 1772, retraité le 14 nivôse an IX.

Mottu Louis, chasseur au 5e bataillon du Mont-Blanc, né à Thonon le 4 septembre 1770, retraité le 14 nivôse an IX.

Duboule Jean, grenadier à la 11e demi-brigade de ligne, né à Ballaison le 15 janvier 1773, retraité le 9 fructidor an IX.

Fournay Jean-Christophe, chasseur au 10e régiment d'infanterie légère, né à Marin le 20 novembre 1770, retraité le 7 juillet 1813.

Royer Alexis, capitaine au 2e régiment d'infanterie légère, chevalier de la Légion d'honneur, né à Thonon le 26 avril 1766, retraité le 30 août 1810.

Lugrin Joseph, lieutenant au 6e régiment d'infanterie, né à Thonon le 6 janvier 1766, retraité le 17 germinal an XIII.

Pelis Pierre, caporal au 18e régiment d'infanterie ligne, chevalier de la Légion d'honneur, né à St-Séverin le 3 janvier 1772, retraité le 9 février 1800, domicilié à Evian.

Pinget Pierre, fusilier au 23e régiment de ligne, né à Vinzier (Chablais), en 1788, retraité le 21 juin 1810.

Lacour André, fusilier au 5e régiment de ligne, né à Sciez le 12 janvier 1784, retraité le 14 décembre 1809.

Crozet Pierre-Marie, voltigeur au 10e régiment de ligne (4e compagnie, 5e bataillon), né à Sciez le 24 novembre 1703, retraité le 26 août 1814.

Magnin Jean, voltigeur au 3e régiment de la garde impériale (1er bataillon, 4e compagnie), né à Compesières le 12 juillet 1700, retraité en 1812.

Voisin François, caporal de chasseurs à la 27e demi-brigade d'infanterie légère, né à Meillerie le 16 juillet 1774.

Mermoud François, sergent à la 27e demi-brigade d'infanterie légère, né à Veigy (Chablais) le 4 janvier 1757, retraité le 27 fructidor an X.

Gavairon Jean, fusilier au 1er bataillon du Mont-Blanc (5e compagnie), né à Collonges-Bellerive le 27 octobre 1773, retraité le 10 fructidor an IX.

Bovet Etienne, fusilier à la 5e demi-brigade de vétérans (1er bataillon, 1re compagnie), né à Genève le 25 juillet 1704, retraité le 24 brumaire an XIII.

Favre Philippe, chasseur au 18e régiment d'infanterie légère, né à Genève le 6 avril 1704, retraité le 22 mars 1814.

Nouret Abraham, chasseur au 12e régiment d'infanterie légère, né à Genève le 8 avril 1772, retraité le 24 avril 1808.

Landgraff Martin, sergent au 2e régiment d'infanterie légère, né à Mayence le 30 novembre 1757, retraité le 30 juillet 1810.

Berthier Louis, soldat à la 111e demi-brigade, né à Rochefort (Mont-Blanc), retraité le 11 prairial an X.

Galley Pierre, capitaine de cavalerie, né à Saint-Julien le 9 avril 1766, retraité le 28 brumaire an IX.

Dagand Pierre, cavalier au 21e dragons, natif d'Allèves, près d'Annecy, retraité le 25 ventôse an X.

Perrier Louis-Joseph, officier retraité.

Allioud Jean-François, capitaine retraité.

Bosson Antoine, canonnier, chevalier de la Légion d'honneur, domicilié à Lancy.

Passet Sébastien, voltigeur au 5e régiment de ligne, domicilié à Carouge.

Jacquet Jacques, sergent-major au 12e régiment d'infanterie légère, de Carouge.

Nouvelle Jean-François, cavalier au 16e dragons, de Confignon.

Gaillard Daniel, canonnier au 6e régiment d'artillerie à cheval, de Lancy.

Blanc Pierre, capitaine au 95e régiment de ligne, né accidentellement (sic) à Genève.

Cheneval André, maréchal des logis au régiment des Lanciers du Roi (2e compagnie, 2e escadron).

Beuglet Jacques, gendarme de la Compagie du Léman, né à Courrendlin (Bâle), le 20 octobre 1760.

Dezin Guillaume, vétéran à la 5e demi-brigade, né à Tholon, retraité le 11 octobre 1810.

Duboule Pierre-Marie, caporal au 18e régiment de ligne, né à Pers, canton de Reignier le 6 mars 1768, retraité le 13 juillet 1800.

Sandoz Henri-Louis, sous-lieutenant à la 80e demi-brigade, né au Locle (Neuchâtel) le 19 septembre 1769, retraité le 23 germinal an X.

Rey Noël, caporal au 69e régiment de ligne, chevalier de la Légion d'honneur, né à Chêne-Thônex le 1er avril 1772, retraité le 23 février 1809.

Quiby Charles, fusilier au 18e régiment de ligne, né à Annemasse le 4 février 1770, retraité le 27 nivôse an XI.

Pellarin Jean-François, caporal au 69e régiment de ligne, né à Ambilly le 10 juin 1774, retraité le 14 nivôse an IX.

Chastel Joseph, chef d'escadron au 1er régiment des dragons piémontais au service de France, né à Veigy-Foncenex le 12 novembre 1770, réformé et retraité le 30 novembre 1811.

Ducroz Aimed, lieutenant au 144e régiment de ligne, né à Genève le 31 mai 1780.

FIN.

DU MÊME AUTEUR

Un Curé de Collonges-sous-Salève, il y a cent ans. Notes anecdotiques sur l'état de la Savoie au siècle dernier. 1874.

Ternier et Saint-Julien. Essai historique sur les anciens bailliages de Ternier et Gaillard et le district révolutionnaire de Carouge, avec documents inédits. Ouvrage couronné par la Société Florimontane. Un volume grand in-8° de 450 pages. 1870....................... 8 fr.

Les Terres de St-Victor dans l'ancien bailliage de Ternier. 1880.

Procès de Sorciers a Viry, de 1534 a 1548. — *(Bulletin de l'Institut Genevois.)* — 1881.

La Famille Paget. Notice généalogique et biographique. — *(Revue Savoisienne.)* — 1881.

L'Administration Municipale de la Commune et du Canton de Viry (département du Mont-Blanc), de l'an I à l'an VII de la République française (1793-1799). — 1883.

En préparation :

Le Général Pacthod. Etude historique.

SAINT-JULIEN. — IMPRIMERIE S. MARIAT.

DU MÊME AUTEUR

Un Curé de Collonges-sous-Salève, il y a cent ans. Notes anecdotiques sur l'état de la Savoie au siècle dernier. 1874.

Ternier et Saint-Julien. Essai historique sur les anciens bailliages de Ternier et Gaillard et le district révolutionnaire de Carouge, avec documents inédits. Ouvrage couronné par la Société Florimontane. Un volume grand in-8° de 450 pages. 1870 .... 8 fr.

Les Terres de St-Victor dans l'ancien bailliage de Ternier. 1880.

Procès de Sorciers a Viry, de 1534 a 1548. — *(Bulletin de l'Institut Genevois.)* — 1881.

La Famille Paget. Notice généalogique et biographique. — *(Revue Savoisienne.)* — 1881.

L'Administration Municipale de la Commune et du Canton de Viry (département du Mont-Blanc), de l'an I à l'an VII de la République française (1793-1799). — 1883.

En préparation :

Le Général Pacthod. Étude historique.